세상을 바꾼 예술 작품들

세상을 바꾼 예술 작품들 2

세상을 바꾼 예술 작품들 2

발행일 2013년 12월 5일 초판 1쇄
2014년 5월 25일 초판 2쇄
지은이 글 임승수 이유리 | 그림 정성완
펴낸이 김규항
편집 안현선
디자인 강서림
독자 김선영

펴낸곳 (주)고래가그랬어
등록 제22-2956호 (2006년 7월 14일)
주소 서울특별시 마포구 성미산로 71, 2층 우편번호 121-846
전화 02-333-3075, 02-333-4201
팩스 02-333-4021
이메일 gorae@goraeya.co.kr
홈페이지 www.goraeya.co.kr

ⓒ 임승수 이유리 정성완 2013

ISBN 978-89-962653-4-4 77600
978-89-962653-2-0(세트)

- 책값은 뒤표지에 있습니다.
- 이 도서의 국립중앙도서관 출판시도서목록(CIP)은 서지정보유통지원시스템 홈페이지(http://seoji.nl.go.kr)와 국가자료공동목록시스템(http://www.nl.go.kr/kolisnet)에서 이용하실 수 있습니다. (CIP제어번호 : CIP2013022750)

세상을 바꾼 예술 작품들

글 임승수 이유리 | 그림 정성완

세상을 바꾼 예술 작품들 2

고래가그랬어

작가의 말

〈세상을 바꾼 예술 작품들〉은 제목 그대로 세상을 바꿨다고 할 만큼 사회에 큰 영향을 끼쳤던 예술 작품들이 나옵니다. 주인공 사차원과 오로라가 함께 과거로 시간 여행을 하면서 세상을 바꾼 예술 작품을 만든 예술가들을 만나지요. 때로는 재미있고 때로는 슬프고 때로는 가슴 아픈 이야기가 펼쳐집니다. 이 책은 그런 다양한 이야기를 담고 있어요. 재미있게 보면서 무언가 배울 수도 있길 바랍니다.

놀기에도 모자란 시간인데, 공부하랴 학원 다니랴 많이 힘들지요. 부모님과 선생님이 여러분에게 너무 많은 것을 기대하다 보니 칭찬보다는 잔소리나 꾸중을 자주 할 겁니다. 무척 안타까워요. 그래서 위로가 되는 이야기 하나 들려드리겠습니다.

상대성이론을 발견해 세계적인 물리학자로 명성을 날린 알버트 아인슈타인이 이런 얘기를 했습니다. '모든 사람은 천재다. 하지만 당신이 물고기를 나무에 오르는 능력으로 평가한다면, 물고기는 평생을 자신이 멍청하다고 믿으며 살 것이다.'

나무에 못 오르는 코끼리·금붕어·펭귄·물개가 멍청한 걸까요? 아니면 자신만의 특징과 장점이 있는 다양한 동물들에게 오직 나무에 오르라는 단 하나의 시험 문제를 낸 사람이 멍청할까요? 우리는 모두 소중한 사람입니다. 다른 누구도 흉내 낼 수 없는 자신만의 장점을 가진 '천재'입니다. 세상에서 가장 똑똑한 사람이라고 칭송받는 아인슈타인도 그렇게 말했어요.

어린이 교양지 〈고래가그랬어〉에 '세상을 바꾼 예술 작품들'을 연재하면서 가장 기쁜 순간은, 독자들이 차원이와 오로라·안쏘니·캔디를 열심히 그려서 보낸 엽서를 볼 때였습니다. 이제는 책으로 독자들을 만날 수 있게 되니 더 기쁩니다.

이 책을 읽는 '천재' 친구들에게 꼭 하고 싶은 얘기가 있습니다. 모두가 천재라는 얘기는 나만 천재라는 얘기가 아닙니다. 내가 좋아하는 친구도 내가 싫어하는 친구도 다 천재라는 얘기입니다. 그러니 나와 좀 다르다는 이유만으로 친구를 깔보거나 괴롭히지 말았으면 합니다. 그 친구도 사실 알고 보면 천재니까요.

2013년 겨울
임승수 이유리 정성완 드림

작가의 말   4

차례   6

| 13 | 소시지가 되고 싶지 않아!
핑크 플로이드 / 벽 The wall | 9 |

| 14 | 멕시코의 벽, 원주민의 캔버스가 되다
디에고 리베라 / 멕시코의 역사 | 29 |

| 15 | 12음을 모두 사랑한 남자
쇤베르크 / 피아노 모음곡 Op.25 | 49 |

| 16 | 최후의 순간까지 다 불태워 버리겠어! 1
타카모리 아사오 / 내일의 죠 | 69 |

| 17 | 최후의 순간까지 다 불태워 버리겠어! 2
타카모리 아사오 / 내일의 죠 | 87 |

| 18 | 코에 걸면 코걸이 귀에 걸면 귀걸이
신학철 / 모내기 | 105 |

| 19 | 전쟁의 맨 얼굴
고야 / 1808년 5월 3일 | 125 |

| 20 | 세상을 바꾸는 사람들의 노래
인터내셔널 가 | 143 |

| 21 | 세상에서 가장 아름다운 사람의 모습
쿠르베 / 돌 깨는 사람들 | 163 |

| 22 | 마음을 바꾼 선물들 1 | 183 |

| 23 | 마음을 바꾼 선물들 2 | 197 |

13
소시지가 되고 싶지 않아!

핑크 플로이드 / 벽 The wall

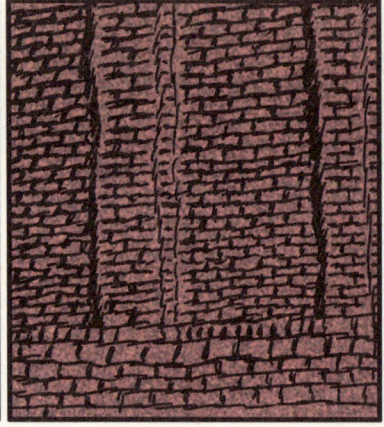

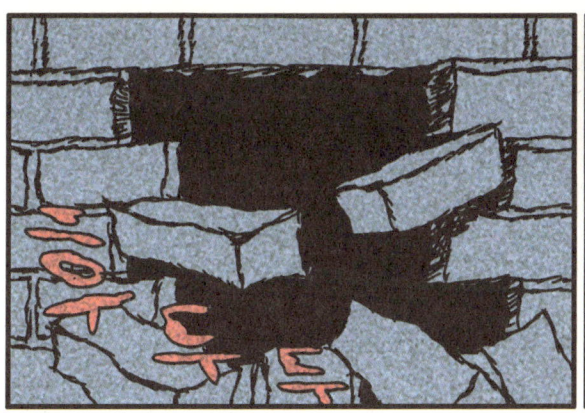

와~

재밌게 보셨나요?

우수한 선생님과 우리 반 친구들이 함께 만든 뮤직비디오였어요!

어때요? 좀 충격적이었으려나?

차원이의 수첩

왠지 좀 부끄러운데...

핑크 플로이드(Pink Floyd)는 1965년에 활동을 시작한 영국의 록 그룹이야. 그 당시 엄청나게 인기도 많고 성공한 그룹 이었어. 미국에서 7450만 장의 음반을 판매했고 세계적으로는 2억장이나 음반이 팔릴 정도니까. 엄청나지. 칫! 나도 기타 잘 치는데... 쩝. 그런데 솔직히 음반이 많이 나간다고 해서 무조건 좋은 음악은 아닌것같아. 왜냐면 내가 지난주에 자작곡을 음반으로 만들었거든. 크크크. 아무도 내 음반을 사주지는 않았지만 나는 확신하고 있어. 내 곡이 엄청난 명곡 이라는 사실을 말이야. 나는 앞으로 핑크 플로이드보다 더 멋진 음악을 만들어서 역사에 '사차원' 이라는 이름을 남길 거야. 이번 뮤직 비디오를 만들면서 공부에 대해서 좀 생각을 해보게 됐어.

솔직히 오로라랑 안쏘니는 공부를 잘하지만 난 그렇게 부럽지는 않아. 나는 오로라랑 안쏘니보다 기타를 더 잘 치거든. 사람을 어떻게 산수랑 국어만으로 평가해? 그게 더 웃기지 않아?

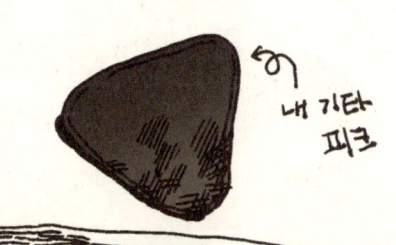
내 기타 피크

핑크 플로이드 Pink Floyd

핑크 플로이드는 영국의 록 그룹이야. 철학적인 가사와 실험적인 음악, 멋진 앨범 사진, 특수 장치를 사용한 라이브 등으로 유명해. 세계에서 가장 성공적인 록 그룹 가운데 하나야. 핑크 플로이드는 제네시스나 예스처럼 같은 시기에 활동한 록 그룹뿐 아니라 나인 인치 네일스, 드림 시어터 같은 후대의 록 그룹에게도 많은 영향을 주었어.

핑크 플로이드라는 이름으로 활동을 시작한 것은 1965년부터야. 시드 배럿이 건축학 학생인 닉 메이슨, 로저 워터스, 리처드 라이트, 밥 클로스로 구성된 '더 티 세트'에 들어온 지 얼마 되지 않았을 때야. 클로스는 얼마 뒤 그룹을 탈퇴하지만, 그룹은 적지 않은 성공을 거두며 런던의 언더그라운드 음악 무대에서 고정적인 인기를 얻었어. 그러나 기타 연주자인 배럿이 정신적 스트레스로 약물을 복용해 정상적인 활동이 불가능해지자 동료들은 데이비드 길모어를 새롭게 영입해. 배럿이 탈퇴하고 베이스 연주자였던 로저 워터스가 작사가로 활동하면서 그룹에 큰 영향을 끼쳤어. 이후 콘셉트 음반 〈The Dark Side of the Moon〉, 〈Wish You Were Here〉, 〈Animals〉와 영화 〈The Wall〉을 발표하면서 전 세계적으로 큰 성공을 거두게 돼.

1985년에 워터스도 그룹을 탈퇴하고, 남은 팀원들은 길모어를 새로운 리더로 계속 핑크 플로이드라는 이름을 쓰며 음반 녹음과 콘서트를 계속 했어. 그러나 워터스는 핑크 플로이드라는 이름을 사용하지 말라며 법원에 고소를 하지. 오랜 싸움 끝에 길모어, 메이슨, 라이트는 계속 핑크 플로이드로 활동할 수 있게 되었어. 핑크 플로이드는 1987년 발표한 〈A Momentary Lapse of Reason〉와 1994년 발표한 〈The Division Bell〉로 다시 한 번 세계적인 성공을 하게 되고 워터스는 혼자서 세 개의 스튜디오 음반을 발표했어.

공교육

나라에서 교육 과정을 결정하고 정해진 규칙에 따라 학생들이 교육받을 수 있게 운영하는 교육을 공교육이라고 해. 모든 학생이 차별 받지 않고 교육받을 수 있고 나라가 운영하기 때문에 무료로 가르치거나 아주 적은 학비를 받아.

공교육은 근대사회가 되고나서 만들어졌어. 산업이 발달하고 신분 제도가 없어지면서 일반 사람들도 조금씩 제대로 된 교육받을 수 있게 되었어. 예전에는 왕이나 귀족처럼 상류 계급만 교육을 받았어. 19세기 이후에 '국민교육조직'이 만들어졌고 모든 국민이 교육받을 수 있게 됐어.

한국의 공교육은 광복된 뒤에야 지금과 같은 모습을 갖췄어. 특히 우리나라는 7~20살 정도의 학생 대다수가 학교에 다니고 있어. 학교에 다니는 아이들 수를 따져보면 한국 전체 학생 수의 100%에 가깝대. 그러나 한 반에서 같이 공부하는 학생 수가 많고, 짧은 시간에 너무 많은 것을 가르치려고 달달 외우게 해서 고쳐야 할 부분이 많아. 학교에 다니면서도 또 공부하려고 학원에 다니거나 개인 과외를 받는 학생 수가 너무 많은 것도 문제야. 그래서 더 좋은 환경에서 배울 수 있게 하고 사회에 나가 적응할 수 있게 다양한 분야의 교육을 하는 것이 앞으로 한국 공교육의 목표야.

14

멕시코의 벽, 원주민의 캔버스가 되다

디에고 리베라 / 멕시코의 역사

정확히는 멕시코 건물들에 그려져 있는 벽화들에 관심이 많았지. 멕시코 건물들은 하나같이 다 유럽식인데, 그 안에 있는 벽화들은 인디오들의 모습이 많거든. 그래서 멕시코 역사를 공부해봐야겠다고 생각했어.

음… 그러고 보니, 왜 멕시코의 건물들은 다 서양식인지, 또 멕시코에서 왜 스페인어를 공용어로 쓰는지 궁금했어어.

이 책에서는 스페인이 멕시코를 식민지로 삼았기 때문이라고 하더라고.

옛날 한국이 일본의 식민지였을 때도 한국에서는 일본어만 쓰고 이름도 일본식 이름으로 바꾸라고 했잖아. 그거랑 비슷한 거 아닐까?

그럼 어떻게 건물에 인디오식 벽화가 그려지게 된 거야? 스페인 사람들이 가만두지 않았을 텐데.

그걸 알아보려고 책 보는 중이었는데 네가 덮은 거야!!

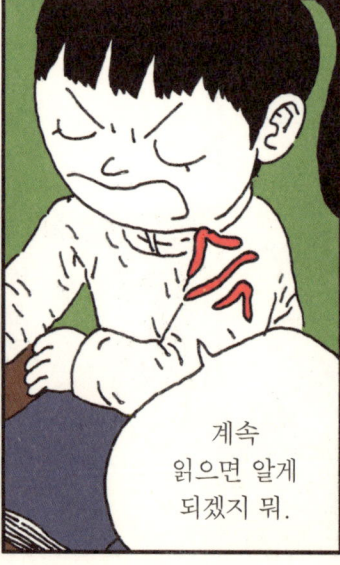

계속 읽으면 알게 되겠지 뭐.

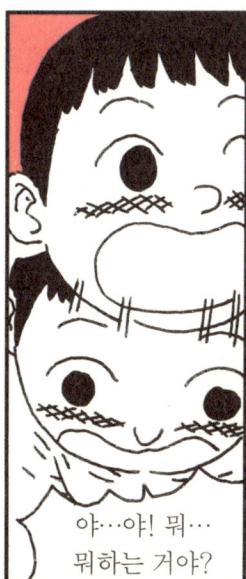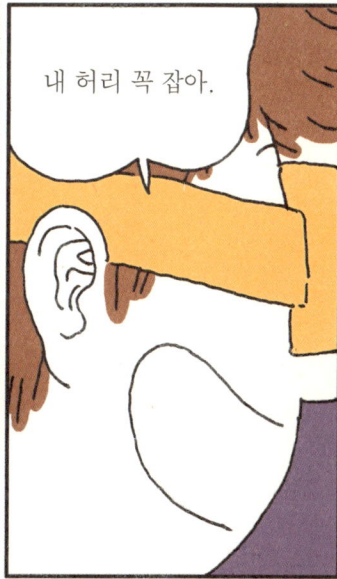

이야. 진짜 크다. 그리고 뭔가 신비로운 분위기가 느껴져.

아마 멕시코 고대 인디오 문명인 마야, 아스텍의 모습을 그린 거라서 그렇게 느껴지는 걸 거야.

근데 케찰코아틀이 뭐야?

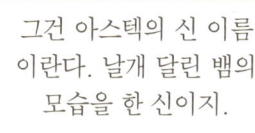

그건 아스텍의 신 이름이란다. 날개 달린 뱀의 모습을 한 신이지.

어!!

디에고 리베라 아저씨다!!

허허, 내 이름을 용케도 아는 구나.

네, 책에서 봤… 읍!

하하하하하하…

읍읍!

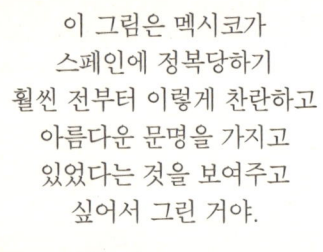

어휴

1846~1848년에는 미국이 멕시코를 침략했어. 이때 멕시코 땅이었던 텍사스, 뉴멕시코, 캘리포니아 등을 미국에 빼앗겼어.

원래는 멕시코 땅인데 지금은 미국의 땅이 되었지. 그 땅은 당시 멕시코 국토의 절반이 넘을 정도로 무척 넓었다고.

이렇게나 괴롭힘당하다니… 멕시코 사람들이 아주 힘들었겠어요.

그렇지. 그래도 멕시코 민중은 결코 약해지지 않았어.

지렁이도 밟으면 꿈틀한다고 하지? 결국, 혁명이 일어나거든. 그게 바로 1910년 멕시코 혁명이야.

이렇게 내가 이곳에 벽화를 그릴 수 있게 된 것도 혁명 덕분이지.

여러모로 인디오 문화 부흥을 하는데 벽화만 한 게 없었다는 말이야.

오랫동안 스페인의 식민지로 있으면서 멕시코 민중들은 자신의 뿌리에 대해 혼란스러워 했을 테니까, 이 벽화를 보면서 자기의 뿌리를 찾을 수 있었겠네요.

그렇지. 멕시코가 유럽계 백인들의 국가인지 원주민의 국가인지 혼란을 겪고 있으니.

나는 그렇게 생각해.

멕시코는 원주민의 국가라고!

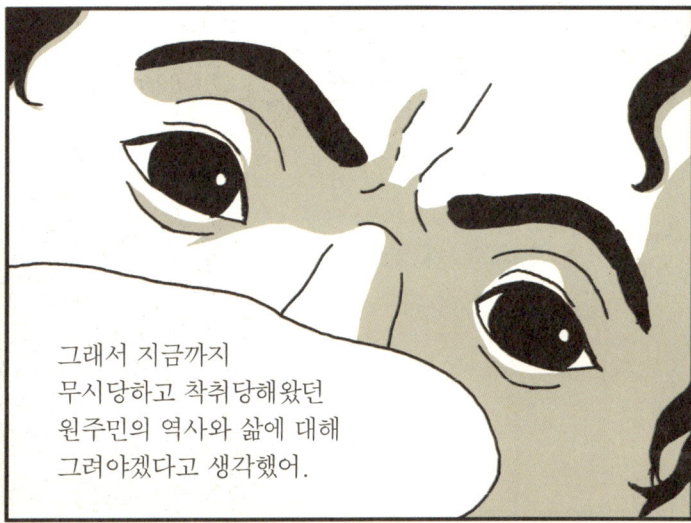

그래서 지금까지 무시당하고 착취당해왔던 원주민의 역사와 삶에 대해 그려야겠다고 생각했어.

원주민뿐 아니라 비슷하게 차별받았던 혼혈인들도 마찬가지로 권리를 찾을 수 있도록 애써야겠어요.

그래. 그렇지 않아도 혁명 정부는 백인과 원주민의 혼혈인 메스티조에게도 정당한 권리를 주겠다고 약속했어.

혁명 정부의 바스콘셀로스 교육부 장관이 이렇게 얘기했거든.

메스티조는 인종과 국경과 벽을 넘어선 사랑으로 잉태되었기 때문에 '우주적 인종'입니다.

앞선 인종들의 장점을 고루 흡수했기 때문에 미래의 주인공이 될 수 있으며, 그래서 지금과는 다른 아름답고 평화로운 미래를 만들어가기 위해 앞장서야 할 사명이 주어져 있습니다.

차원이의 수첩

왠지 좀 부끄러운데...

X월 XX일

멕시코의 역사가 한국과 이렇게 비슷한지는 미처 몰랐다. 오랫동안 자신의 땅에서 숨죽이며 살아가야 했던 멕시코 국민들. 마치 일제 식민지 당시 조선이 그랬듯, 멕시코도 스페인의 식민지였던 시절 그들은 온갖 고초를 당해야 했다. 스페인과 경쟁이 되는 모든 산물들은 생산금지 되었고 멕시코의 풍부한 금과 은은 스페인으로 보내졌다는 것, 멕시코의 큰도시들은 스페인식의 도시계획에 의해 질서정연하게 재정리 되었고 스페인어만 사용할 수 있었으며 모든 책과 사상이 통제되었다는 것 등은 뒤늦게 안 사실이었다.

게다가 스페인의 통치가 계속되는 동안 순수한 인디오들의 혈통은 거의 없어져 버렸고, 대부분 혼혈이 되었는데 그들은 철저하게 차별대우 받았다고 한다.

나같으면, 솔직히 좀 부끄러운 역사여서 잊고만 싶었을 것이다. 우리 조상들이 떵떵거리면서 잘 살았다는 것만 얘기하고 싶지. 누군가에게 괴롭힘 당했다는 사실은 감추고만 싶었을 것 같은데 말이다.
그런데 리베라 아저씨는 조금 다르게 생각했던 것 같다.

피해자가 피해를 영원히 감추고만 있으면, 그들의 죄도 영원히 덮여질 게 아닌가. 리베라 아저씨는 그 역사적사실들을 벽화로 정말 효과적으로 고발 했다.

그 그림들을 통해서 우리가 스페인의 야만적인 행동을 잘 알수있게 되었으니까. 게다가 관공서 같은 공공기관에 벽화로 남기는 덕에 꼭 미술관에 갈 필요없이 누구나 그 사실을 알수 있게 되었으니. 리베라 아저씨는 정말 스페인 '디스'의 천재인 것 같다.

아울러 멕시코의 자랑스럽고 빛나는 고대역사도 그림으로 살려내 멕시코의 뿌리를 찾아주었던 리베라 아저씨. 리베라 아저씨의 벽화 덕분에 오랜세월 식민치하에서 시달려 지쳐있던 멕시코 국민들의 자존감이 바로 되살아 났을것 같다.
아, 나도 이참에 그림이나 배워볼까? 흐흐

47

디에고 리베라 Diego Rivera, 1886~1957

디에고 리베라는 흔히 '멕시코 현대 회화의 아버지'라 불려. 그의 그림이 멕시코의 전통과 국민성에 뿌리박고 있기 때문이야. 12살 때 리베라는 멕시코의 이름난 미술학교 산 카를로스 아카데미에 입학해. 그런데 그곳에서는 유럽의 고전 회화를 기계처럼 답습하는 수업만 받아야 했어. 오랜 스페인 식민통치가 많은 예술가에게 유럽 미술이 우월하고 멕시코의 전통 문화와 예술은 돌아볼 가치조차 없는 걸로 여기게 한 거야. 리베라는 장학금을 받아 프랑스에서 미술 공부를 하다 마르크스의 사상에 빠지게 돼. 조국 멕시코의 농부들이 겪고 있던 고통스런 삶에 대해 항상 동정을 느껴왔거든. 14년 동안 피카소의 추상적 모더니즘을 공부하던 리베라는 1910년 멕시코 혁명이 일어나자 더는 추상적인 그림을 그려서는 안 된다고 생각했어. 1921년 멕시코로 돌아간 그는 마야, 아티카 등 멕시코 고대 문화를 탐구했고, 또 당시 멕시코에서 일어난 혁명 정신에 공감하여 민중화가로서 모든 사람이 이해하는 그림을 그리겠다고 결심했어. 그뒤 그는 문부성, 보건성, 차핑고 농업학교, 호텔 등 민중이 모이는 장소에 거대한 벽화를 그리는 일에 열중했어. 미국의 초청을 받아 샌프란시스코 증권거래소와 디트로이트 미술학교에 벽화를 그리기도 했고. 멕시코의 이름난 초현실주의 화가 프리다 칼로가 그의 아내야.

중세의 끝, 부르주아의 등장

중세 유럽 사람들은 봉건 영주의 영토 안에서 농사로 자급자족하며 소박하게 살았어. 그런데 11세기 말부터 200여 년 동안 계속된 십자군 전쟁은 유럽의 상황을 크게 바꾸었어. 교황 우르바누스 2세가 "이슬람에 빼앗긴 예루살렘 성지를 되찾자!" 하는 명분을 내세우며 전쟁을 시작한 거야. 이슬람에서 귀한 물건들이 유럽으로 흘러들었고 대규모 원정 전쟁을 벌이면서 유럽의 대도시와 항구가 발전했지. 상인들과 수공업자들이 도시로 모여들면서 경제의 중심이 농촌에서 도시로 바뀌었어. 뒤이은 지리상의 발견과 식민지 개척은 이런 변화를 더욱 재촉했어. 식민지에서 자원과 물자가 유럽으로 쏟아져 들어왔어. 경제생활에 화폐가 중요한 역할을 하게 되었고, 나라마다 상업을 장려했어. 그동안 천대받던 상인들이 한 걸음 한 걸음 권력의 중심에 가까워지기 시작한 거야. 상인들이 권력에 다가갈수록, 더 많은 상품을 만들고 더 많은 상품을 수출하고 더 많은 돈을 벌려는 경쟁은 점점 치열해졌어.

경제의 변화는 신분의 변화로 이어졌어. 중세 때 나라의 지배 계급은 왕을 중심으로 한 귀족과 성직자였어. 그런데 경제의 주역으로 새로운 세력이 등장한 거야. 이들이 바로 '시민계급', 달리 '부르주아'라고 하는 이들이야. 부르그(Bourg)란 그 무렵 새롭게 생긴 상공업 도시를 뜻하는 말이고, 부르주아(Bourgeois)는 도시의 상공인들을 뜻해. 부르주아는 중세 농민들하곤 다르게 행동했어. 중세 농민들은 큰 불평 없이 성직자와 귀족의 하인으로 지냈어. 봉건 영주에게 세금과 부역을 바치고, 교회의 가르침에 따라 살아가려고 했지. 그러나 상공업으로 부를 쌓은 부르주아는 전혀 달랐어. 그들은 마음대로 장사할 자유를 원했어. 부르주아는 자신의 정치적·사회적 지위에 결코 만족할 수 없었지. 결국 부르주아는 시민혁명을 일으켜 귀족의 세력과 힘을 축소시키는 데 성공해. 중세가 끝났다는 뜻이지.

15
12음을 모두 사랑한 남자

쇤베르크 / 피아노 모음곡 Op.25

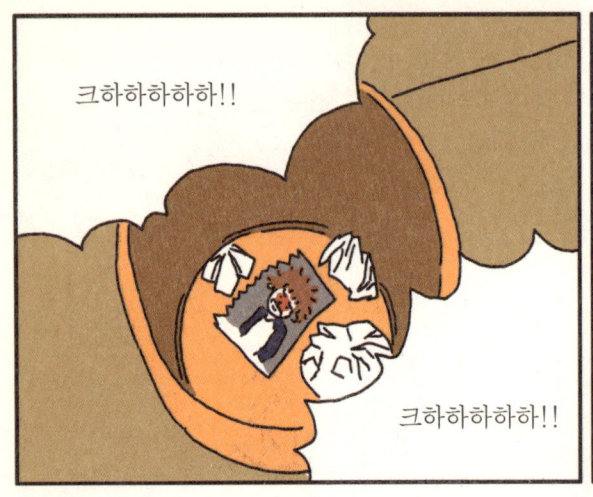
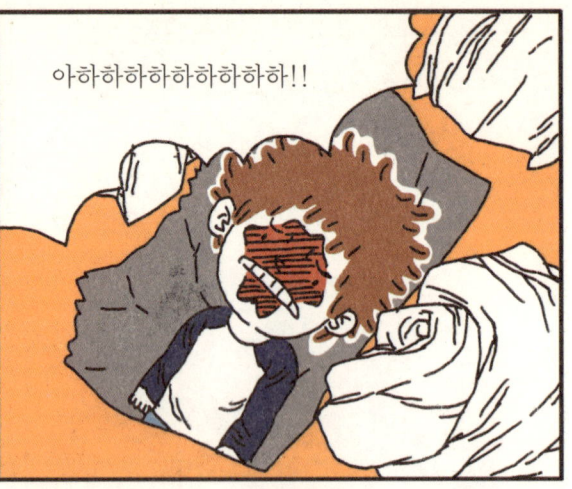

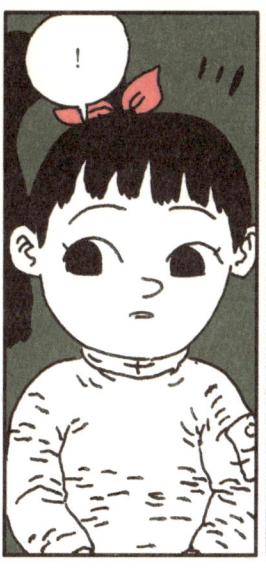

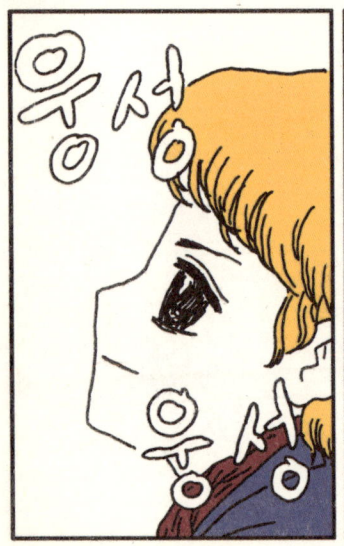

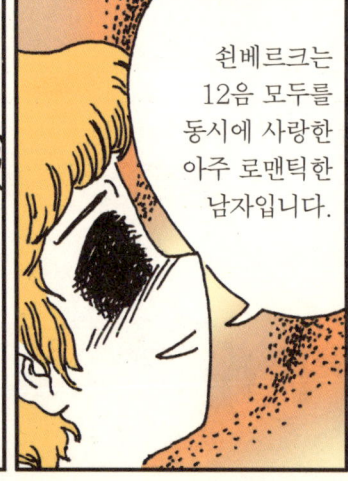

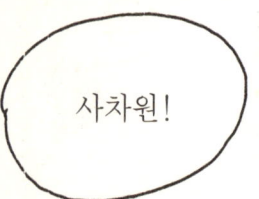

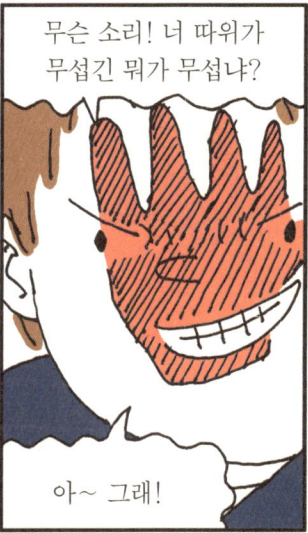

앙쏘니의 수첩

사차원! 이놈이 감히 로라앞에서 나의 피아노 연주를 무시하다니! 더 이상 참을 수 없다. 만날 전자기타나 들고 다니면서 교양없는 음악만 연주하니까 나의 고차원적인 음악을 전혀 이해 못하는구나. 음... 그런데 솔직히 오로라도 내 연주를 그렇게 썩 좋은 표정으로 듣고 있지는 않던데. 혹시 로라도 내 연주를 몰라주는 것이 아닐까? 솔직히 내가 다른 애들에 비해서 서양 고전음악에 대한 지식이 많은 것이 이럴때는 좀 불편하기도 해. 도대체 대화가

안 통하잖아? 그런데 도대체 쇤베르크가 어느나라 사람이냐고? 유럽의 오스트리아 출신 작곡가지. 1847년에 태어나서 1951년에 사망했어. 모차르트도 오스트리아 출신인 것을 보면 오스트리아는 유명한 음악가를 많이 배출한 나라인 것 같아. 아무튼 이건 좀 알아줬으면 좋겠어. 세상에는 여러 가지 음악이 있다는 거 말이야. 귀에 듣기 불편해도 음악이 될 수 있다고!!

쇤베르크 Arnold Schönberg, 1874~1951

아르놀트 쇤베르크는 오스트리아 빈에서 태어난 서양 고전음악 작곡가야. 악곡 구조의 기초를 이루는 12개의 음을 사용해 12음기법과 무조 음악의 틀을 세운 최초의 작곡가로 알려졌어. 독학으로 음악을 배웠고 오직 알렉산더 쳄린스키에게만 대위법을 배웠어. 1899년 현악 6중주곡 〈정야〉를 발표하며 세상의 주목을 받았어.

그러나 그가 발표한 음악들은 과거의 음악을 답습하지 않는 틀을 깨는 새로운 것이었어. 1913년에는 그가 작곡했던 〈실내 교향곡 제1번〉을 연주할 때 청중들이 소리를 지르면 비난했다고 해. 기성 음악을 부수는 그의 음악에 청중들은 극단적인 반응을 보인 거야.

제1차 세계 대전 뒤 그는 12음기법과 무조 음악 작곡의 기초를 확립했어. 1921년 발표한 〈피아노를 위한 모음곡〉은 12음기법을 완벽하게 보여줘. 이 무렵부터 비난의 대상이었던 그는 점차 인정받게 되고 1925년에는 베를린의 예술아카데미의 교수로 초청되었어. 그러나 1933년 권력을 잡은 나치 정권에 의해 유럽에서 추방되어 미국으로 이주했어. 지금까지도 쇤베르크의 음악기법은 많은 논란이 되고 있지만 그가 지은 음악 이론 책은 아직까지 출판되며 음악가들과 작곡을 공부하는 사람들에 널리 읽히고 있어. 현대 작곡계에 가장 많은 영향을 끼쳤다는 것을 알 수 있지.

음의 순서를 정해 작곡을 하는 음렬주의

음렬주의는 작곡을 하거나 곡을 분석하는 여러 가지 기법의 하나야. 어떤 음에 규칙을 정해 배열하는 것을 음렬이라고 불러. 음렬이 반복되기 전까지 음에 순서를 매겨 순서대로 한 번씩 쓰는 것이 음렬주의야.

20세기 초 유럽에서는 음의 화음을 중심으로 작곡하는 전통적인 음악 형식을 깨려는 많은 시도가 있었어. 많은 작곡가가 재즈 음악 등에서 이용하는 음계를 쓰고 정해진 화음이 없는 무조 음악을 쓰려고 했지. 작곡가들은 이러한 새로운 작곡 기법을 체계화하려고 했어. 많은 시도 가운데 1차 세계 대전 뒤 독일의 아르놀트 쇤베르크가 12음기법을 만들었어. 12음기법은 쇤베르크의 제자인 안톤 베베른이 이어받아 한 단계 발전하게 돼. 쇤베르크는 음높이만 순서를 정했다면 베베른은 리듬까지 순서를 정해 작곡했어.

2차 세계 대전이 끝난 뒤 올리비에 메시앙의 제자들이 베베른의 곡을 분석하면서 음렬주의는 더욱 발전했어. 메시앙은 음높이, 리듬, 셈여림, 음색 등의 모든 것을 일정한 순서대로 나열하며 작곡해 음의 모든 요소가 각각의 독특한 규칙을 갖게 했지. 음렬주의 음악은 순서를 정해놓은 음들이 우연하게 같이 소리가 나며 만들어지는 것이라 우연성의 음악에도 영향을 주게 돼.

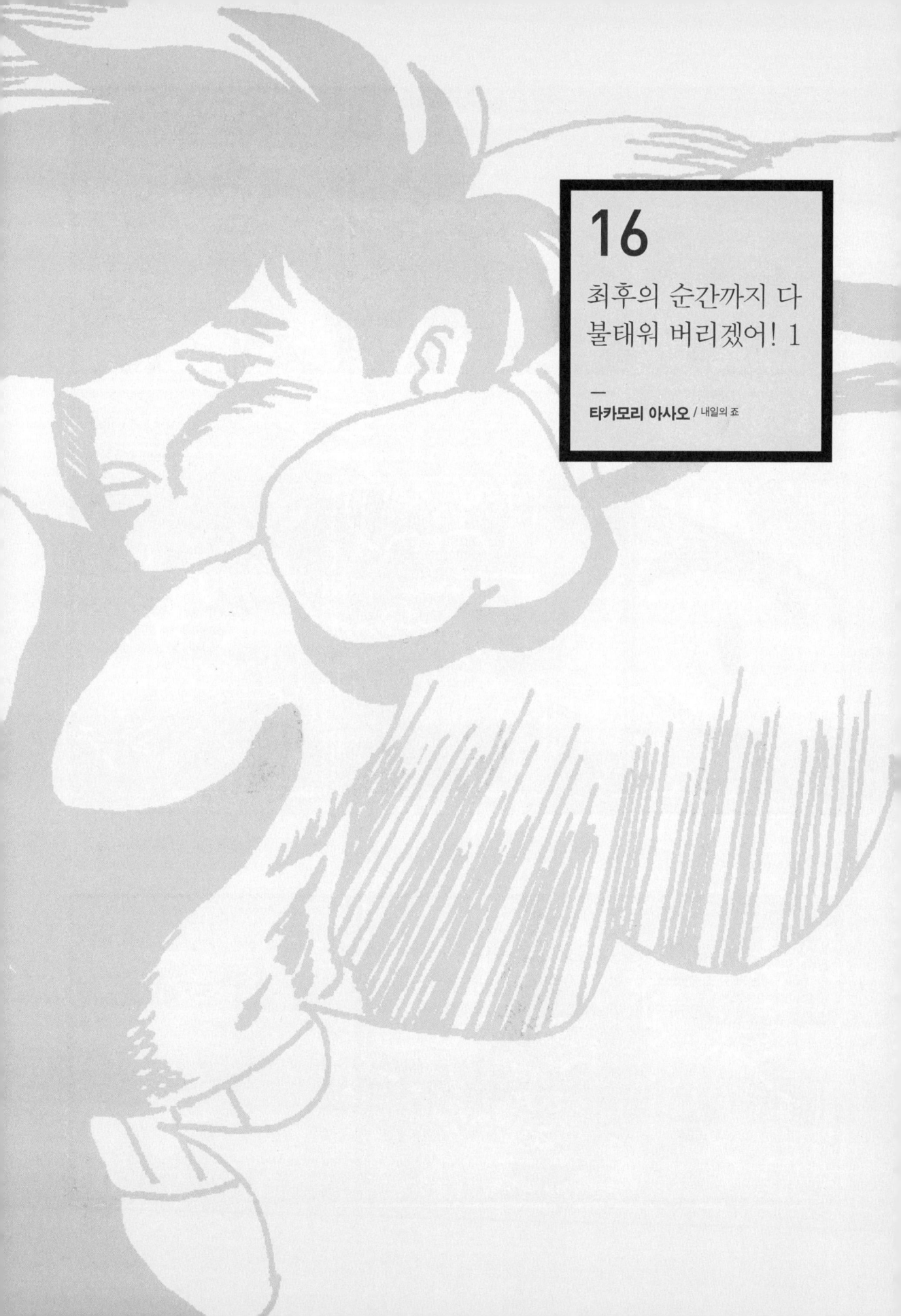

16
최후의 순간까지 다 불태워 버리겠어! 1

타카모리 아사오 / 내일의 죠

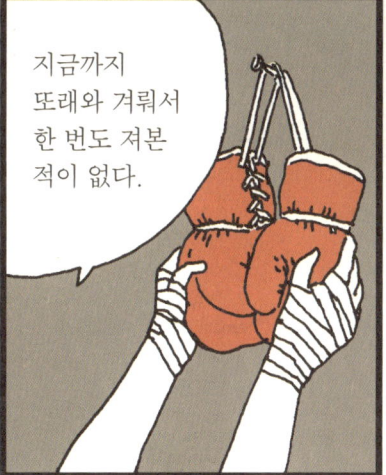

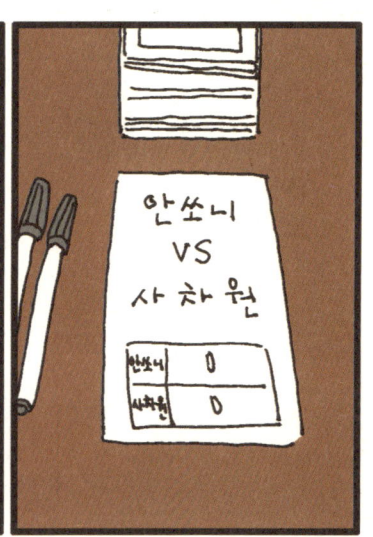

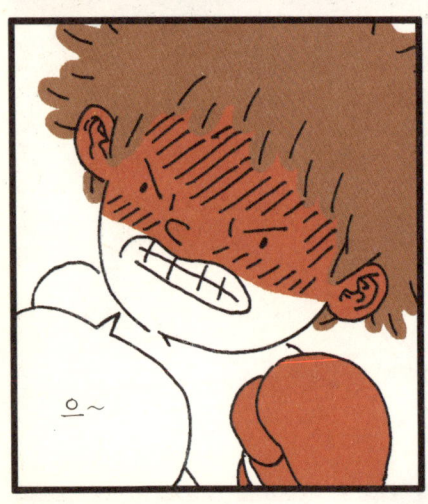

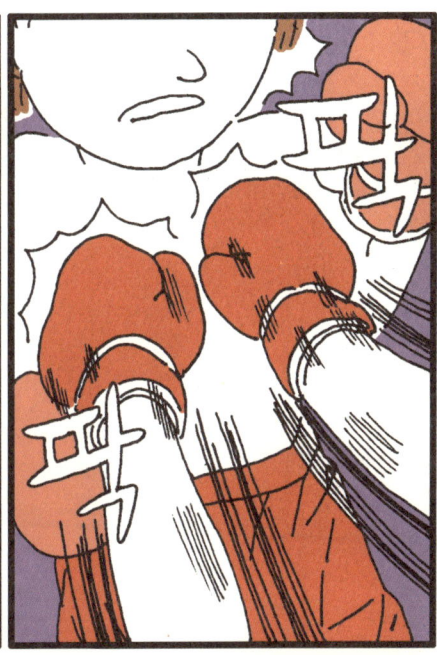

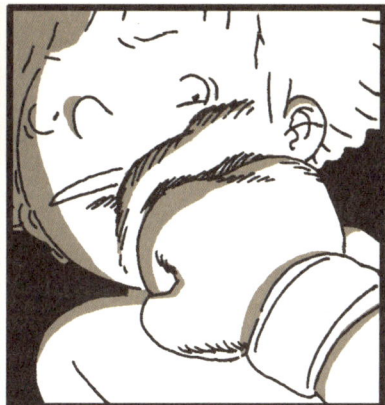

차원아!

후후훗.

으…

17
최후의 순간까지 다 불태워 버리겠어! 2

타카모리 아사오 / 내일의 죠

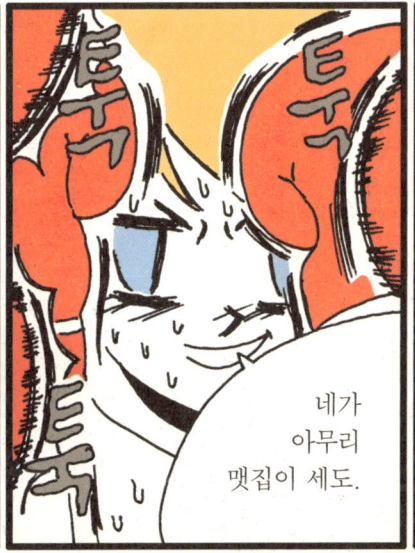

나를 때리지 못하면
달라질 것은 아무것도 없다!!

어?

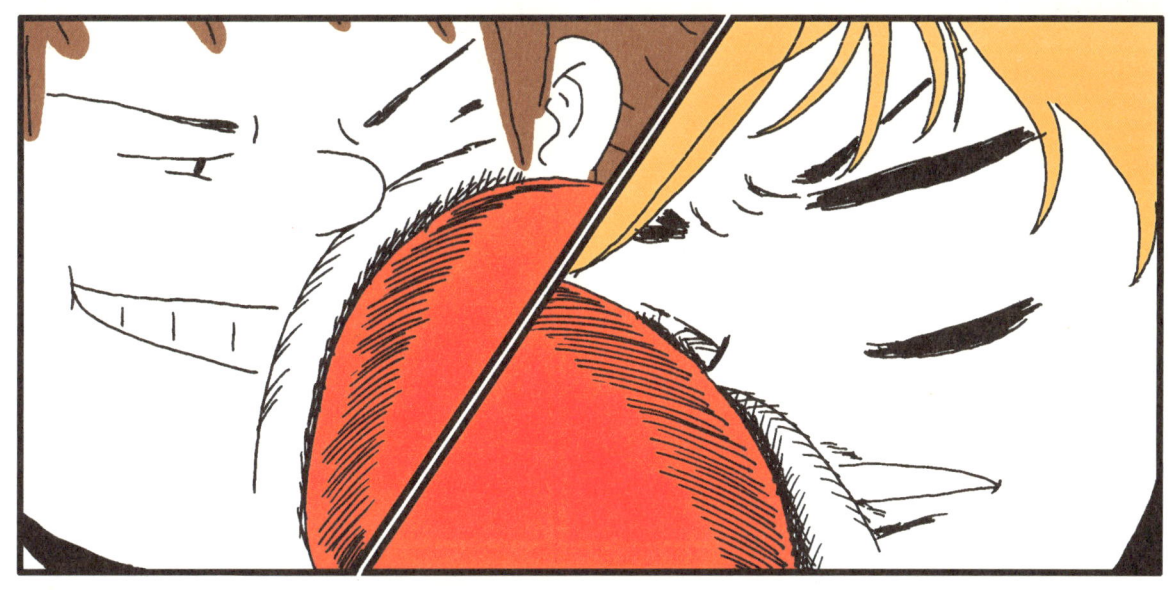

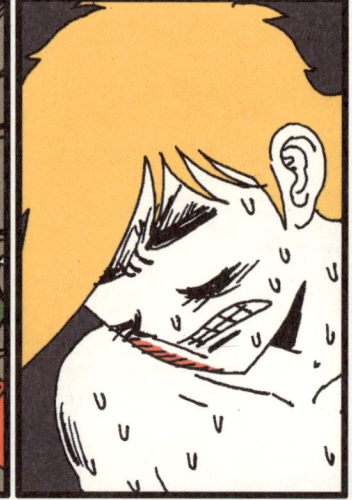

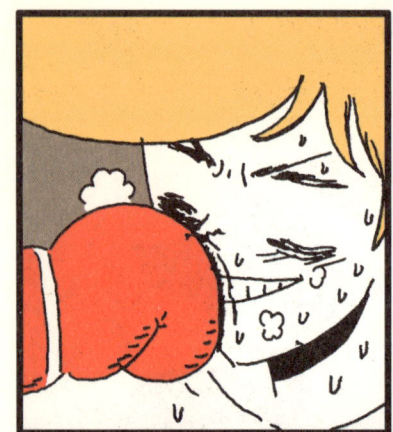

하얗게……

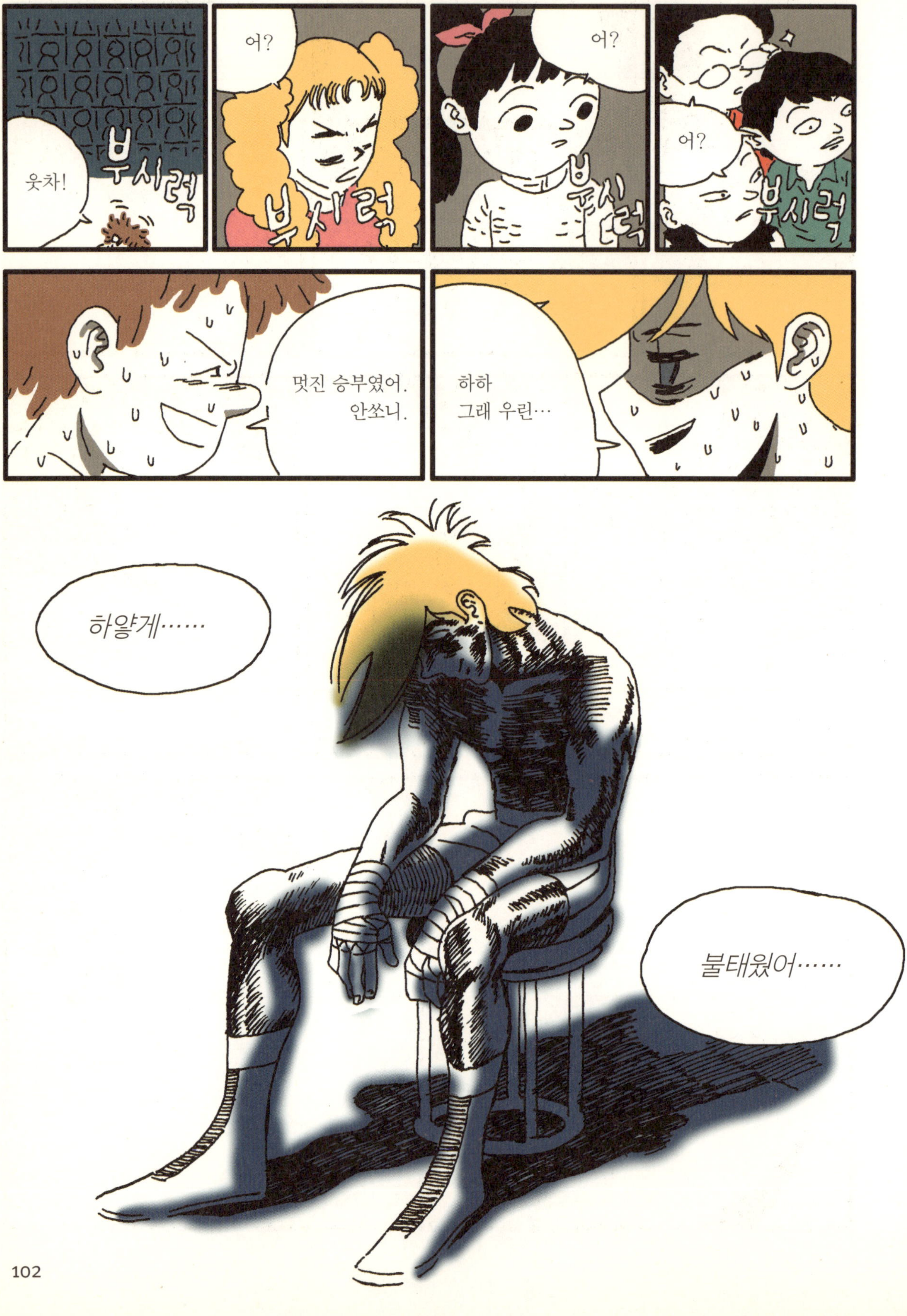

불태웠어……

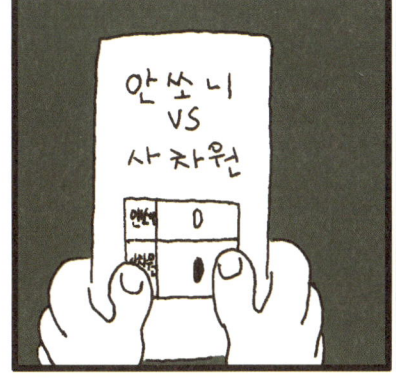  

안쏘니 수첩

사차원 녀석, 공부 못하는 찌질이 인줄만 알았더니 주먹이 꽤나 맵군. 아직도 턱이 얼얼하네. <세상을 바꾼 예술 작품들> 독자 친구들 안녕? 나 안쏘니! 요즘 내 인기가 사차원의 인기를 능가한다는 얘기가 들리던데, 뭐 당연한 거지만 말이야. 하하.

내가 좋아하는 만화 <내일의 죠>는 1960년대 일본 만화야. 주인공인 고아 출신의 야부키 죠가 권투를 통해 우정과 사랑의 의미를 깨달아 나가는 만화인데 매우 감동적이지.

당시 일본에서는 대학생들이 정부의 잘못된 정책에 항의하는 데모를 많이 했는데, 그 대학생들이 <내일의 죠> 만화를 많이 봤다고 하더라. 왜냐면 아무리 강한 상대를 만나도 끝까지 포기하지 않는 야부키 죠의 근성에 감동을 받았다고 하나봐. 대학생들도 정부와 맞서 싸워야 하기 때문에 무척 힘든 상황이었는데 <내일의 죠>를 보면서 용기를 냈다고 하더군. 그나저나 로라한테 내가 이기는 모습을 보여줘야 했는데.... 차원이한테 져서... 그래도 왠지 기분이 나쁘지는 않아. 차원이도 생각보다 괜찮은 녀석 같고...

가지와라 잇키 梶原一騎, 1936~1987

가지와라 잇키는 일본의 만화 작가야. 소설도 쓰고 영화를 만들기도 했어. 원래 이름은 다카모리 아사키야. 격투기 스포츠에 푹 빠진 남자들의 싸움을 멋지게 그려낸 만화로 유명해. 1966년부터 『주간 소년 매거진』에 연재된 〈거인의 별〉작가로 시작해서, 〈내일의 죠〉, 〈타이거 마스크〉 등의 만화를 그렸어. 권투 만화인 〈내일의 죠〉는 『주간 소년 매거진』에 1968년 1월 1일부터 1973년 5월 13일까지 실렸고, 모두 2,000만 부나 팔렸어. 사회적으로도 크게 주목받았고 일본 권투계에도 큰 영향을 끼쳤어. 지금도 일본 만화를 대표하는 작품으로 '전무후무한 최대의 히트 만화'로 꼽히고 있어. 일본에서 텔레비전 애니메이션·극장판 애니메이션·실사 영화로 만들어졌고, 1971년에는 연극으로, 1977년에는 라디오 드라마로도 나왔어. 한국에서도 〈허리케인 죠〉라는 제목의 만화로 번역되어 나왔어.

일본을 바꾸려 한 과격 단체, 적군파

적군파는 1969년 만들어진 일본의 공산주의 무장단체야. 400여 명으로 구성된 적군파는 폭력으로 당시의 일본 자본주의 정부를 무너뜨리고 사회주의 체제의 새로운 정부를 만들겠다는 목표를 세웠어. 적군파가 세계에 알려진 건, 1970년, 적군파 요원 9명이 하네다 공항을 출발해 후쿠오카로 향하는 일본항공(JAL) 여객기를 납치해 북한으로 간 '요도호 사건' 때문이야. 1972년에는 일본에서 인질사건을 벌이기도 했어. 일주일 동안 경찰과 대치하는 과정이 텔레비전 방송으로 실시간 보도되었는데 시청률이 95%에 달했어. 사람들은 체제에 저항하는 적군파의 행동에 공감하기도 했지만, 잔인하고 폭력적인 모습에 거부감을 느끼기도 했어.

1974년 적군파는 시게노부 후사코를 중심으로 새롭게 조직을 만들고 일본을 벗어나 외국에서 테러를 일으켰어. 팔레스타인 인민해방 전선과 손을 잡고 텔아비브공항 습격사건(1972), 일본항공 소속 여객기 공중납치(1973), 싱가포르 셸 석유 습격사건(1974), 쿠웨이트 일본대사관 점거사건(1974), 헤이그 프랑스대사관 습격사건(1974) 등을 벌였어.

1980년, 국제 경찰이 뒤쫓고 구성원들도 하나둘 조직을 떠나자 적군파 조직은 점점 흔들리기 시작했어. 결국 2000년 11월, 시게노부가 오사카에서 체포되었어. 감옥에 있는 시게노부는 여성 혁명가로, 어머니로 살아온 삶을 적은 옥중일기 〈사과나무 아래서 너를 낳으려 했다〉를 책으로 펴내기도 했어. 2001년 5월, 적군파는 만들어진지 40년 만에 공식적으로 조직을 해산한다고 선언했어.

18
코에 걸면 코걸이 귀에 걸면 귀걸이

신학철 / 모내기

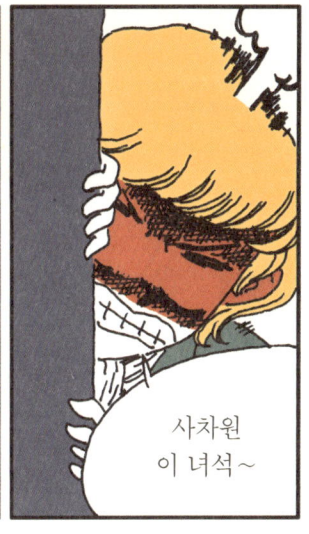

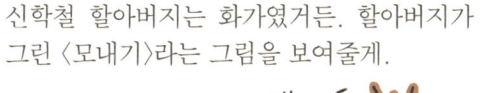

에휴~ 네 꿈과 똑같은 일이야.

신학철 할아버지는 화가였거든. 할아버지가 그린 〈모내기〉라는 그림을 보여줄게.

오~

이게 〈모내기〉야. 1987년에 나온 작품이지. 신학철 할아버지가 이 그림을 그려서 국가보안법에 걸렸어.

내가 보기엔 이 그림, 국가안전을 위협했다고는 안 느껴지는데? 총이 나온 것도 아니고, 폭탄이 터진 것도 아니잖아? 뭐가 위협이라는 거야?

그림 전체를 한반도라고 본다면 위쪽은 북한, 아래쪽은 남한 이라는 거지.

위쪽에 있는 사람들은 굉장히 행복해 보이잖아. 춤도 추고 말이야.

뭐어?

그런데 아래쪽에는 잡다한 쓰레기들이 많지? 그래서 그때 남한 정부는 이 그림이 북한을 찬양하고, 남한 사람들을 '북한처럼 혁명하자'고 부추기기 위해 그린 거로 생각한 거야.

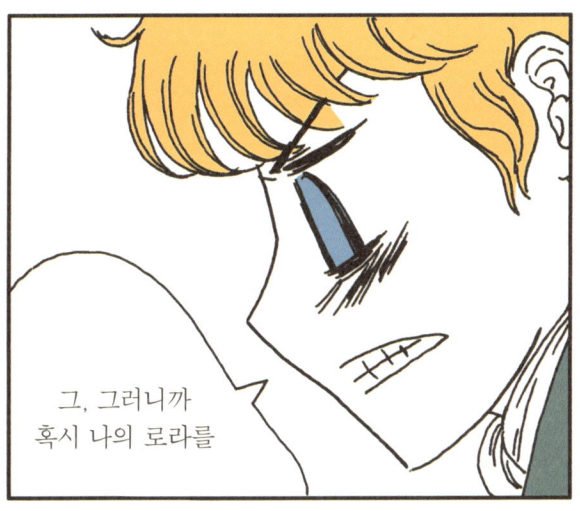

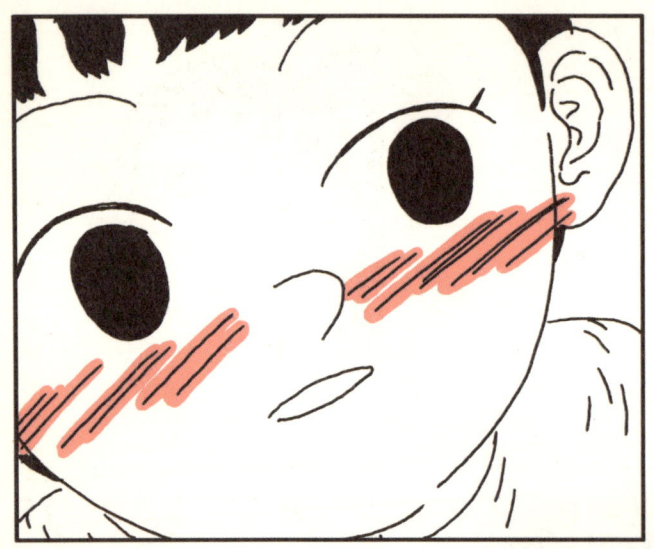

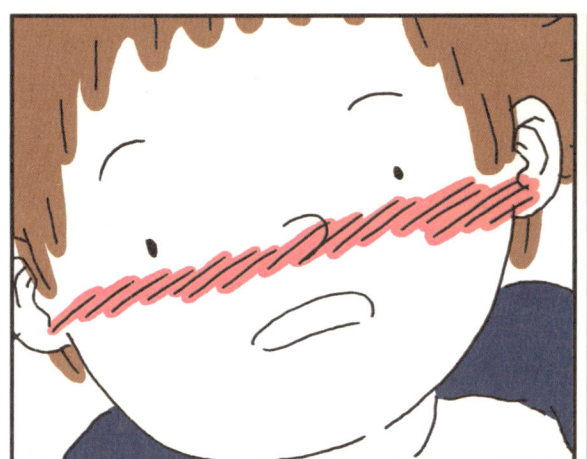

차원이의 수첩

왠지 좀 부끄러운데...

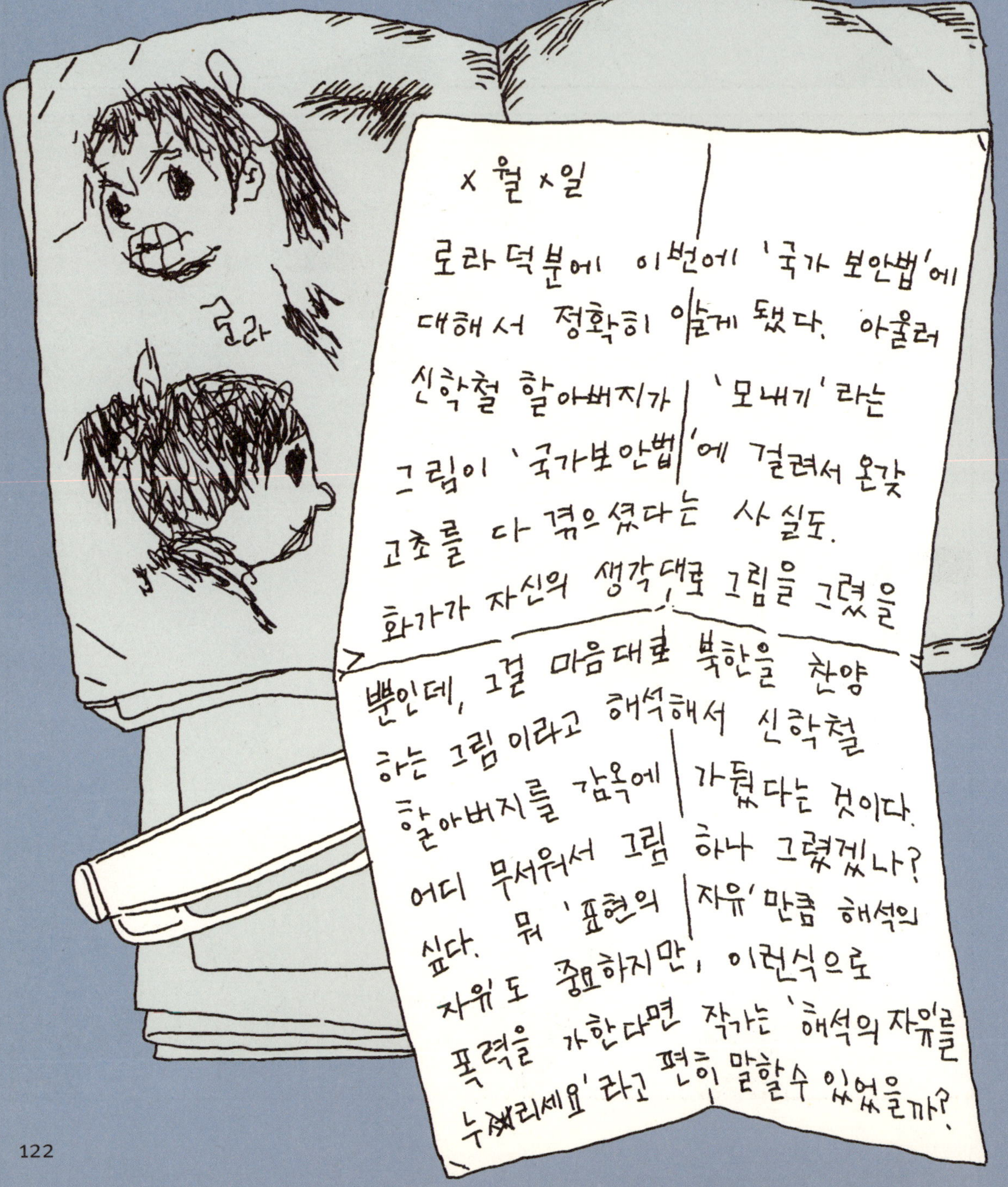

X월 X일

로라 덕분에 이번에 '국가 보안법'에 대해서 정확히 알게 됐다. 아울러 신학철 할아버지가 '모내기'라는 그림이 '국가보안법'에 걸려서 온갖 고초를 다 겪으셨다는 사실도. 화가가 자신의 생각대로 그림을 그렸을 뿐인데, 그걸 마음대로 북한을 찬양하는 그림이라고 해석해서 신학철 할아버지를 감옥에 가뒀다는 것이다. 어디 무서워서 그림 하나 그렸겠나? 뭐 '표현의 자유'만큼 해석의 자유도 중요하지만, 이런식으로 폭력을 가한다면 작가는 '해석의 자유를 누※리세요'라고 편히 말할 수 없었을까?

아니 그들의 해석에 맞춰서 표현을 해야만 했을 것이다. 그림을 그리는 데 있어서 핵심은 상상력과 표현력인데 말이다. 하지만 '국가보안법'에 혹시나 걸릴까봐 자신의 상상력과 표현을 스스로 조사해보고 설마 법을 어길 만한 표현은 아닐까 가늠해 보고 하다 보면, 창조적인 예술 작품이 나왔겠나 싶다.

'국가보안법'을 사전에서 찾아보니 이렇게 설명되어 있다. "국가의 안전을 위태롭게 하는 반국가 활동을 규제하도록 제정한 법률, 국가의 안전과 국민의 생존 및 자유를 확보하기 위해서 행한다.

하지만 한국의 역사 속에서 국가보안법이 걸어온 길을 조사해보니 영 다르더라. 군사독재 시절에는 민주화 운동에 대한 탄압의 수단으로 쓰여왔고, 그 이후에도 50여년 동안 휴전상태로 있는 기형적인 한반도의 현상을 이용해 정부 내지는 권력에 대한 비판 세력을 억압하기 위해 수단으로 많이 사용되어 왔다고.

웃기다.

신학철 1943~

신학철은 1943년 경북 김천에서 태어나 1968년에 홍익대 미술대학을 졸업했어. 본격적인 미술가의 길로 들어선 1970년대에 신학철은 '기존의 예술 관념이나 형식을 부정하고 혁신적 예술을 주장한 예술 운동'을 뜻하는 아방가르드 그룹에 참여해. 한국 근대사 사진집을 포토몽타주(따로따로 촬영한 화면을 떼어 붙여서 하나의 장면이나 내용으로 만드는 일)로 재현한 '한국 근대사' 연작은 미술계에 큰 파장을 일으켰어. 이 연작은 일제강점기, 독립운동, 해방과 한국전쟁, 외국문화의 범람 등으로 이어지는 민중의 수난사를 날카롭게 그린 역작이자 그의 대표작으로 평가돼. 1991년에 제1회 민족미술상을 수상했어. 1987년에 그에게 시련이 닥쳐와. '모내기' 그림 때문에 국가보안법 위반으로 구속된 거야. 신학철은 구속된 지 3개월 만에 보석으로 풀려나긴 했지만 모내기 그림은 여전히 이적표현물로 규정돼 서울중앙지검에 보관돼 있어.

한국전쟁

한국전쟁은 1950년 6월25일 시작된 남쪽 대한민국과 북쪽 조선민주주의인민공화국이 서로 싸운 전쟁이야. 2차 세계대전이 일본의 항복으로 끝나면서 한반도는 1945년 해방을 맞이했어. 일본군 무장 해제를 명분으로 들어온 소련군과 미국군이 한반도를 남과 북으로 갈랐는데, 2차 세계대전이 끝날 무렵 몇몇 강대국이 모여 한반도의 운명을 그렇게 정해 버렸어.

북쪽에선 소련의 군정, 남쪽에선 미국의 군정이 시작되었어. 공산주의 국가인 소련과 자본주의 국가인 미국은 38선을 사이에 두고 이념대결을 벌였어. 남쪽에 이승만 정부가 들어서고 북쪽에 김일성 정부가 들어서자 남북 간의 긴장은 더욱 팽팽해졌어.

1950년 6월25일 일요일 새벽 4시에 결국 전쟁이 시작됐어. 조선인민군은 25일 아침에 개성, 동두천, 포천을 함락시켰어. 26일 오후에 의정부를 점령했고, 27일 정오에는 서울 방어선을 넘고 있었어. 28일 새벽 2시30분에 한강대교가 폭파되었고, 서울은 겨우 나흘 만에 조선인민군 손에 들어갔어. 대한민국 정부는 대전에서 대구를 거쳐 부산까지 쫓겨 내려갔지.

1950년 9월15일 맥아더의 인천상륙작전은 전쟁의 흐름을 바꾸었어. 9월28일에 국군은 조선인민군의 낙동강 방어선을 뚫었고, 10월19일에는 조선민주주의인민공화국의 수도 평양에 다다랐어. 그러나 중국인민지원군의 개입으로 전세는 역전되었다가 한반도의 허리춤에서 서로 밀고 밀리기를 거듭했어.

1953년 7월27일에 휴전 협정이 체결되었어. 3년 동안 계속된 전쟁으로 수많은 사람이 죽고, 다치고, 대부분 산업 시설이 파괴됐어. 남북 모두가 큰 피해를 입었고, 남한과 북한은 여전히 적대적 감정으로 맞서고 있어.

19
전쟁의 맨 얼굴

고야 / 1808년 5월 3일

근데 하고 많은 시대 중에 왜 1808년 마드리드로 왔어?
이 때 말고도 전쟁은 수없이 일어났었잖아.

이 전쟁은 다른 전쟁과는 달라. 정의로운 전쟁이거든.
로라를 좋아하는 내 마음처럼!

안쏘니를 향한 내 마음도!
근데 정의로운 전쟁이라는 게…
…있어?
그럼! 너 반도전쟁 몰라?

반도전쟁?

1808년부터 1814년까지 나폴레옹이 이끄는 프랑스와 스페인, 영국, 포르투갈이 벌인 전쟁이야. 프랑스 혁명 알지? 그게 왕을 몰아낸 혁명이잖아.

응 알아. 사람은 모두가 평등한데 누군 왕이고 누군 노예라는 게 말이 되니? 그래서 프랑스 혁명은 의로운 사건이라고 알고 있어. 근데 반도전쟁이랑 프랑스 혁명이랑 무슨 상관이야?

반도전쟁은 프랑스 혁명의 정신을 이웃 나라에 퍼뜨리기 위해 일어난 전쟁이거든. 프랑스가 왕을 쫓아내자 이웃의 다른 왕들은 혹시나 제 나라 국민이 자기를 밀어낼까 봐 얼마나 노심초사했겠냐고.

캔디!!

하아…

어떻게 사람이 사람을 저렇게…

어!!

이… 이게 무슨 소리지? 총소리 같은데…

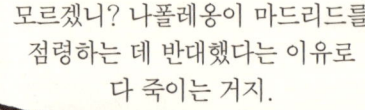

캔디의 수첩

스페인 화가 프란시스코 고야 아저씨의 그림 〈1808년 5월 3일〉은 실제 있었던 일을 바탕으로 한 작품이에요. 프랑스의 황제로 등극한 나폴레옹이 스페인을 침범했고 이에 반대하는 스페인 사람들을 처형하는 모습을 담은 그림이지요. 고야 아저씨는 프랑스 계몽주의 정신은 좋아했지만 프랑스가 스페인을 침략하려고 한 전쟁에는 반대했어요. 아무리 의도가 좋더라도 전쟁은 폭력적일 수밖에 없으니까요. 차원이와 함께 간 이번 여행에서 난 '전쟁의 잔인한 얼굴'을 정말 생생하게 알 수 있었어요.

고야 Francisco José de Goya y Lucientes, 1746~1828

프란시스코 고야는 스페인을 대표하는 낭만주의 화가이자 판화가야. 고야는 궁정화가로 또 기록화가로 많은 작품을 남겼어. 고야는 1746년 스페인 아라곤 지방의 푸엔데토도스라는 시골 마을에서 도금 장인의 아들로 태어났어. 14살 때부터 종교 화가 호세 루산에게 4년 동안 그림을 배웠고, 1763년과 1766년에 역사화 경연대회에 참가해 왕립 아카데미 입성을 노렸지만 두 번 다 실패했어. 아카데미에 들어가지 못한 고야는 24세 때 이탈리아 유학을 떠났다가 10년 뒤인 1780년에 왕립 아카데미 회원으로 선출돼. 1789년에는 카를로스 4세의 궁정화가가 되었는데, 1793년 휴가를 얻어 세비야를 여행하다 알 수 없는 중병에 걸려. 요양을 해서 회복은 했지만 청력을 완전히 잃고 말았어. 1799년에 스페인 화가로서는 최고 영예인 수석 궁정화가의 자리에 올라. 고야의 그림은 후세의 화가들, 특히 에두아르 마네와 파블로 피카소에게 많은 영향을 주었어. 대표작으로는 〈나체의 마하〉, 〈카를로스 4세 일가의 초상〉, 〈5월 3일의 처형〉 등이 있어.

나폴레옹 Napoleon Bonaparte, 1769~1821

나폴레옹 보나파르트는 프랑스의 군인이자 정치가이며, 1804년부터 1815년까지 프랑스의 황제였어. 오랫동안 왕과 귀족의 종으로 살아온 프랑스 국민이 1789년 자유와 평등을 외치며 프랑스 혁명을 일으켜. 혁명이 성공을 거두고 프랑스 왕이 처형당하는 모습에 유럽 다른 나라의 왕들은 깜짝 놀라. 그들은 자기 나라로 혁명이 전파되는 것을 막고자 프랑스 혁명정부를 공격하기로 약속해. 혁명의 싹을 짓밟고, 유럽 정복을 노리는 프랑스의 야심을 막고자 1793년부터 1815년까지 영국, 오스트리아, 러시아, 프로이센 등 여러 나라가 다섯 차례에 걸쳐 대프랑스동맹을 이뤄. 이때 나폴레옹은 프랑스의 영웅으로 우뚝 서게 돼. 1804년 영국을 중심으로 뭉친 3차 대프랑스동맹에 맞서 유럽 정복 전쟁, 이른바 '나폴레옹 전쟁'을 시작한 거야. '나폴레옹 전쟁'은 '혁명 대 반혁명 전쟁'의 후반부라고 볼 수 있지.

나폴레옹은 1799년에 쿠데타를 일으켜 제1 영사에 취임했다가 5년 뒤 황제 자리에 올랐어. 전쟁에서도 거듭 승리를 거두며 유럽 여러 나라에 혁명 정신, 곧 자유와 평등의 정신을 전파했어. 유럽을 모두 집어삼킬 듯 진군하던 나폴레옹 군대는 반도전쟁(1802~1812)과 러시아 침공(1812~1813)에서 비참하게 패하면서 빠르게 쇠락해 갔어. 결국 나폴레옹은 엘바 섬으로 유배당했고, 섬에서 탈출해 다시 황제에 올랐지만 워털루 전투(1815)에서 결정적 패배를 당해. 나폴레옹은 아프리카 서쪽의 세인트헬레나 섬으로 유배되었고, 그곳에서 51세의 나이로 죽어.

나폴레옹 전쟁이 끝난 뒤 유럽에는 왕이 다스리는 시절로 돌아간 '빈 체제'가 성립돼. 하지만 혁명 정신은 유럽은 물론 라틴 아메리카 등 일부 식민지에까지 퍼져. 빈 체제 이후에도 나폴레옹 법전을 기초로 한 여러 법전은 각국에 남게 되었지. 나폴레옹 전쟁은 '한 민족이 한 국가를 이루는' 민족주의가 널리 퍼지게 된 계기가 되었어. 민족주의는 유럽 역사를 크게 바꿔 이후 100년 사이 유럽 여러 나라는 봉건영주의 영토를 단위로 하던 체제에서 국민국가로 변하게 돼.

20
세상을 바꾸는 사람들의 노래

— 인터내셔널 가

그런데 레이는 항상 같이 있어주고 칭찬도 많이 해줘서 고마웠어. 레이는 친누나 같아.

고마워요. 하지만 저는 로봇이에요. 부모님께 그런 말 하지 마세요. 제가 혼나요.

헤헤, 걱정 마. 그 정도 눈치는 있어.

앗, 벌써 시간이 이렇게 됐네요. 빨리 여의도 광장으로 가야겠어요. 노동절 집회에 늦겠어요!

어 그래, 다녀와.

로봇도 행복할 권리가 있다.

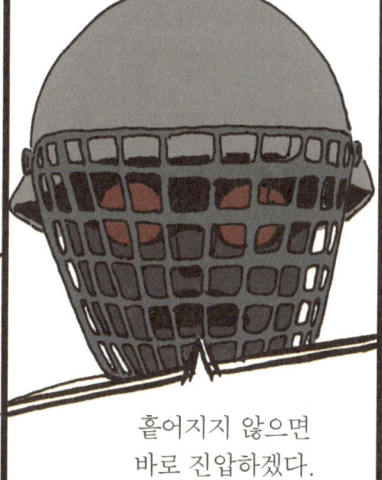

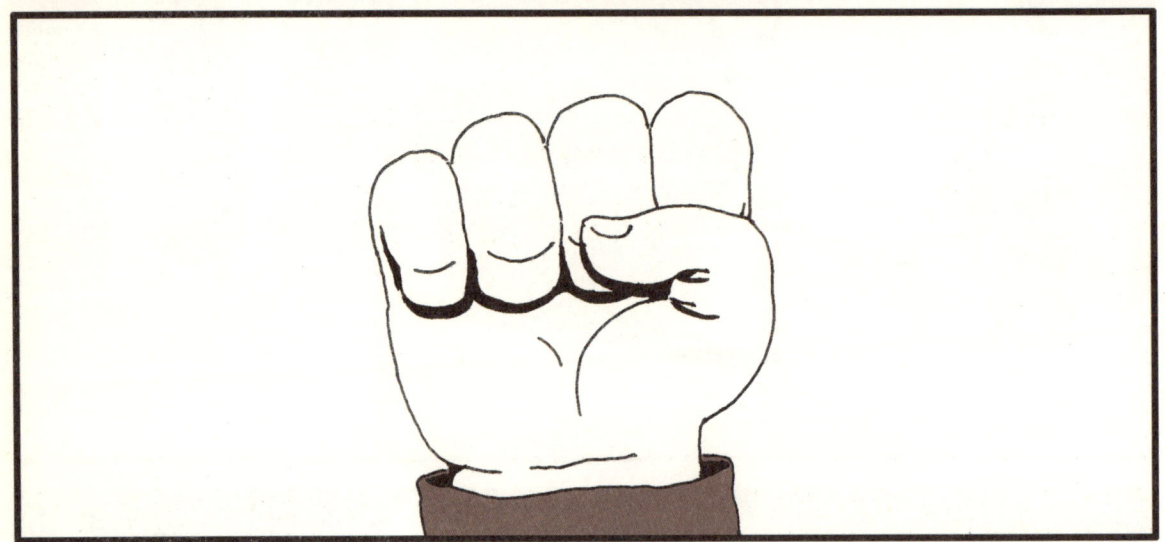

깨어라, 노동자의 군대, 굴레를 벗어 던져라.

정의는 분화구의 불길처럼 힘차게 타온다.

대지의 저주 받은 땅에 새 세계를 펼칠 때

어떠한 낡은 쇠사슬도 우리를 막지 못 해.

삐——

너희는 5분이 지나도 해산하지 않았다.

전 대원.

진압…

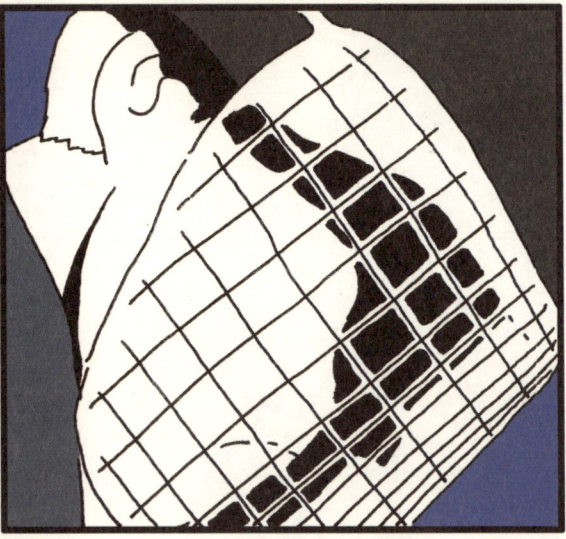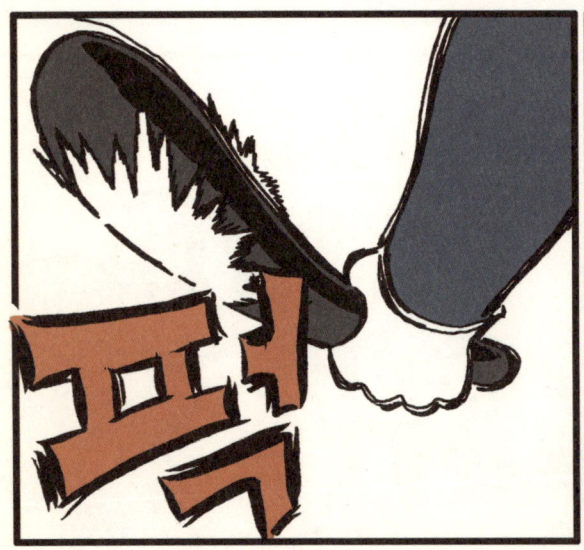

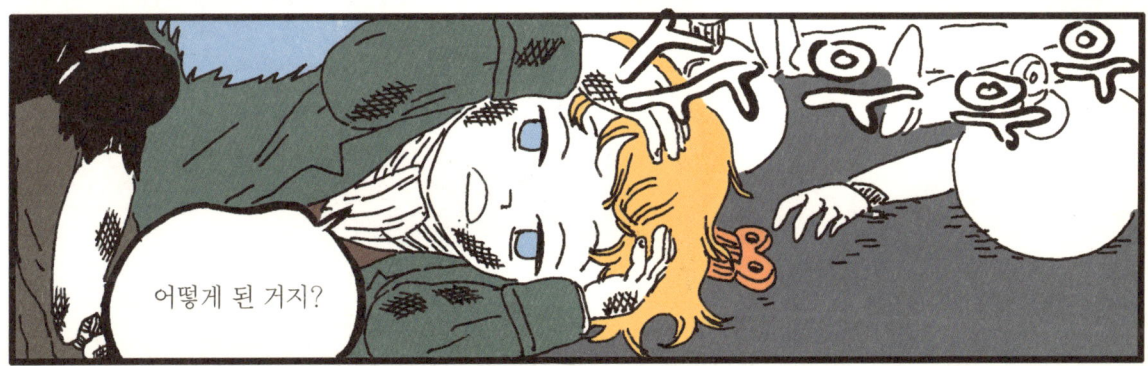

오늘은 내 인생에서 가장 슬픈 날이 아닐까? 항상 누나처럼 나를 보살펴 줬던 레이가 죽었다. 사실 로봇에게 '죽었다'라는 표현이 맞는지는 모르겠다. 어쩌면 전자제품이 망가지듯이 레이도 망가진 것이라고 할 수 있을지도 모르겠다. 하지만... 아무리 생각해도 이건 뭔가 크게 잘못된 것 같다. 로봇도 우리랑 똑같이 생각할 수 있고 자유의지를 가지고 있다면 당연히 우리랑 똑같이 휴식을 취할 권리도 있지 않을까?

만날 일만하면 얼마나 고달프고 힘이 들까? 그러고 보니 역사책에서 보니까 21세기 대한민국 에서는 비정규직 문제가 무척 심각했다고 하던데, 똑같은 일을 해도 정규직의 절반밖에 돈을 못 받고 여러가지 불이익을 당한다고 책에 쓰여 있었어. 어떻게 같은 사람들한테 그렇게 차별대우를 할 수 있을까? 나같으면 당장 화가 나서 권투글러브 끼고 차별대우 하는 사람들을 몇 대 때려줄 텐데 말이야.

인터내셔널 가

인터내셔널 가는 유명한 민중가요이자 전 세계의 사회주의자, 공산주의자, 환경운동가, 사회 민주주의자들 등이 즐겨 부르는 노래야.

프랑스어로 된 원래의 가사는 처음으로 프랑스 민중이 사회주의 자치 정부 파리 코뮌를 세운 1871년에 지어졌어. 철도 노동자였던 외젠 포티에가 지었지. 1888년에는 가구 세공인이었던 피에르 드 제이테가 곡을 붙였어. 작사자와 작곡자 모두 노동자 계급이었지. 프랑스 국가인 '라 마르세예즈'가 프랑스 혁명 이후 쭉 이어져온 급진적인 애국주의 전통을 상징한다면, 인터내셔널 가는 사회주의 전통을 상징하는 노래야.

이 노래는 전 세계로 퍼져나가 가장 많은 언어로 번역된 노래 가운데 하나야. 특히 러시아어로 번역된 인터내셔널 가는 한때 소비에트 연방의 국가로 선정되어 1922년부터 1944년까지 불렸어. 한국에서도 일제 강점기인 1920년대 조선공산당이 일본어로 번역된 인터내셔널 가를 다시 조선어(북한에서 사용하는 한글)로 번역해 불렀어. 이 노래는 지금도 북한에서 '국제가' 또는 '국제공산당 가'라는 제목으로 불리고 있어. 남한은 1980년대 외국에서 악보를 다시 들여오면서 가사를 새롭게 번역했어. 그래서 남한과 북한의 인터내셔널 가 가사는 서로 달라.

마르크스 Karl Heinrich Marx, 1818~1883

카를 하인리히 마르크스는 라인란트에서 태어난 공산주의 혁명가이며 철학자이고 마르크스주의라는 사회 이론을 만든 사람이야.

1847년 프리드리히 엥겔스와 함께 지은 〈공산당 선언〉과 1867년에 처음 출간된 〈자본론〉의 저자로 유명해. 1848~1849년의 독일혁명의 시기에 그는 [신 라인신문]의 편집장으로 혁명을 이끌었어. 그러나 혁명은 실패하고 독일에서 추방당한 그는 런던으로 건너가. 1852년 '공산주의자동맹'이 깨어진 뒤에도 노동운동을 계속했고 1864년에 국제노동자협회를 세워. 이 조직을 통해 많은 나라에서 벌어지는 노동운동이 서로 힘을 합칠 수 있었고 최초의 국제적인 조직으로 제 1인터네셔널이 등장하게 돼.

마르크스는 경제학에도 많은 관심을 기울였어. 그는 전 생애를 거쳐 〈자본론〉을 집필하기 위해 노력했어. 이 책은 경제학의 새로운 길을 열었을 뿐만 아니라 공산주의의 기초를 다졌어. 또 그 어떤 철학 이론과도 비교할 수 없는 철학적 가치를 포함하고 있어. 〈자본론〉 제1권만이 마르크스가 살아있을 때 출판되고 〈자본론〉 제2권, 제3권, 제4권은 마르크스가 죽은 뒤 엥겔스가 모아 편찬했어. 〈자본론〉에 적힌 마르크스주의는 경제 현상을 설명하는 데 있어 분석하고 증명하는 과학적인 방법을 이용하고 있어. 당시 도덕적이고 감정적인 방법을 이용하던 방법과는 전혀 달랐지. 마르크스가 남긴 이 이론은 그 동료 엥겔스와 함께 이후 경제 역사 발전에 큰 공헌을 해.

21
세상에서 가장 아름다운 사람의 모습

쿠르베 / 돌 깨는 사람들

내가 그린 건

우리 엄마.

내 기억에는 항상 젊은 엄마로 남아있는 우리 엄마.

누가 뭐래도 우리 엄마의 모습이 내 눈엔 세상에서 제일 아름답다.

잘 계시죠? 엄마?

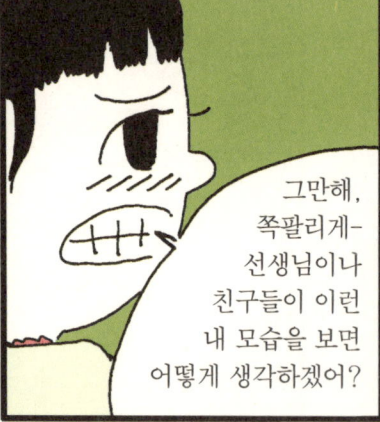

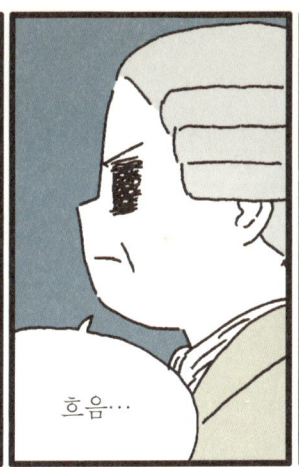

이 그림은 19세기 프랑스의 화가 쿠르베의 〈돌 깨는 사람들〉이라는 작품을 보고 제 식대로 그린 작품이에요.

그때 미술가들은 귀족과 부자들의 취향에 맞춘 화려한 그림을 주고 그렸어요. 사람들은 그런 그림을 아름답다고 했지요.

그런데 쿠르베는 귀족과 부자가 아니라 매일 매일 일하면서 사는 평범한 사람들을 그렸어요.

쿠르베는 귀족과 부자들의 한가롭고 호화로운 삶보다 하루하루 땀 흘려 일하는 사람들의 삶이 더 아름답다고 본 거예요.

저는 그런 쿠르베의 얘기에 감동했어요.

이게 제가 이 그림을 그린 이유입니다.

진정한 아름다움이란 삶을 사실대로 묘사하는 데 있다는 거지?

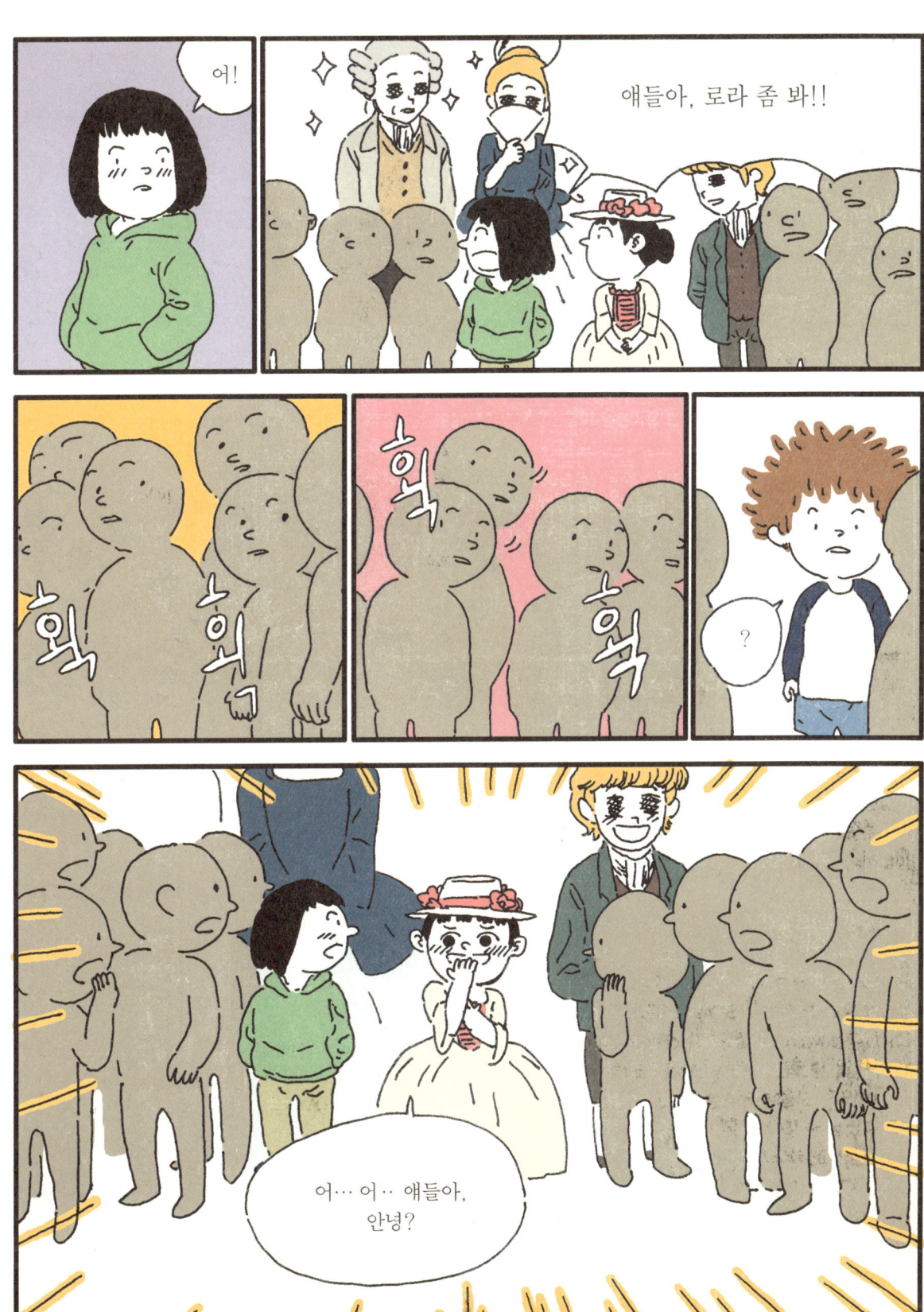

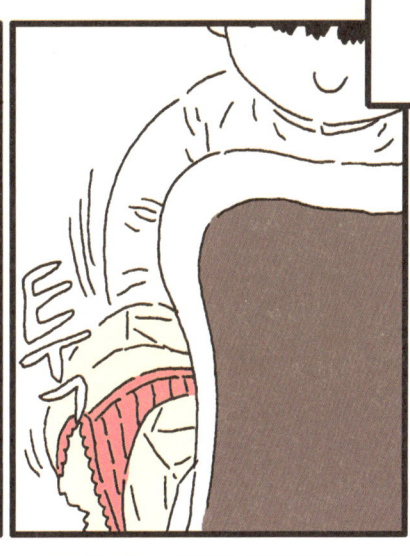

차원이의 수첩

왠지 좀 부끄러운데...

X월 XX일

지금보면 별 새로운 게 없는 이 그림, 하지만 쿠르베 아저씨의 이 그림이 세상에 나왔을 때인 1849년에는 사회적으로 굉장히 논란이 됐다고 한다. 왜냐하면 그 당시에는 고상한 그림은 반드시 고상한 인물을 그려야 한다는 규칙이 있었기 때문이다. 하긴 예술의 목적은 아름다움을 위한 것이라고 본 당시 사람들 눈에, 아이와 할아버지가 힘겹게 일하는 모습은 전혀 아름다워 보이지 않았을 거다. 하지만 쿠르베 아저씨는 그런 지적에 이렇게 대꾸했다고 한다. '사회적 진실을 그려내기 위해서는 아름다움은 포기

해야 한다고.

하지만 내 눈에는 아저씨의 그림이 제일 아름다워 보인다.

솔직히 나도 현실을 적나라하게 고발하는 그림과 마주한다면 괜히 불편할것 같긴하다. 하지만 우리에게 위안과 기쁨을 주는 화려한 그림은 넘쳐나는데 비해, 세상을 바꿀수 있는 그림은 너무나 적지 않은가. 거친 현실에 지친 우리를 힘들게 하는 까칠한 현실을 비판하고 나아가 바꿔 나갈 수 있도록 우리의 등을 떠미는 그림이 더 중요하지 않을까?

그 그림을 보고 힘을 얻어서 이 이상 불편할 수 없는 현실을 바꾸게 된다면야. 그림이 마음의 위안거리로 기능할 필요도 없겠지. 쿠르베 아저씨는 그래서 이런 불편한 그림들을 그렸을 것 같다.

궁극적으로 현실 안에서 행복할 수 있도록, 그림이 힘을 줄 수 있도록 말이다. 그나저나, 오늘 전시장에서 본 로라의 모습은 굉장히 생소하면서도 예뻤다. 그런데 왜 이렇게 내 마음은 불편하기만 할까? 왠지 내가 알던 로라가 아닌 것 같아서인 것 같다. 로라는 도대체 무슨 생각을 하고 있는 걸까?

구스타브 쿠르베 Gustave Courbet, 1819~1877

19세기 사실주의 화가인 쿠르베는 프랑스 오르낭에서 부농의 아들로 태어났어. 신학과 법을 배우다 1842년부터 그림을 그리기 시작했어. 거의 혼자서 그림을 익히다시피 했는데, 1844년 살롱에 입선했어. 1847년 네덜란드 여행을 하며 렘브란트 등의 영향을 받은 그는 사실주의를 추구하며 일상생활과 주위의 사물에서 그림의 소재를 찾았어. 사실주의에 철저했던 그는 천사를 그려 달라는 주문에 "나는 천사를 실제로 본 적이 없기 때문에 그릴 수 없다."고 딱 잘라 거절했다는 유명한 일화를 남기기도 했어.

추한 걸 추한 그대로 표현하는 그의 태도는 살롱을 비롯한 많은 사람에게 반감을 샀으나, 인상파 화가들에게는 큰 영향을 주었어. 1870년 프랑스와 프로이센의 전쟁 때 미술 장관이 되었다가 전쟁 패배 뒤 스위스로 망명했고, 1877년 제네바에서 사망했어. 쿠르베의 사실주의는 근대 회화 확립의 초석이 되었다는 평가를 받아. 대표작으로 〈오르낭의 매장, 1850〉〈샘, 1868〉〈안녕하십니까 쿠르베 씨, 1854〉 등이 있어.

노동자의 탄생

노동은 인간 생활에서 없어선 안 될 중요한 일부야. 노동은 옛날에도 있었어. 원시인의 사냥, 채집도 노동이거든. 중세 농민의 노동으로 곡식을 수확했고 중세 장인의 노동으로 농기구가 만들어진 거지. 그런데 노동의 형식과 의미는 자본주의 탄생 이후에 크게 달라져. 자본주의 이후로 노동은 상품, 곧 돈을 주고 사고파는 대상이 돼.

중세 대장간에서 대장장이의 노동으로 만들어진 농기구는 대장장이의 작품이야. 대장장이는 자기가 원하는 만큼의 돈이나 곡식을 받고 농기구를 농민에게 넘기는 거지. 농민도 마찬가지야. 물론 중세 농민은 영주를 주인으로 모셔야 했고, 농토의 주인도 영주였어. 하지만 농토에서 나오는 곡식의 얼마만큼은 농민 것이었지. 다시 말해서, 영주에게 바쳐야 하는 곡식을 재배하는 농토를 뺀 나머지 농토의 실질적인 주인은 농민이었다는 거야.

자본주의 경제체제가 들어선 뒤로 노동의 형식과 의미는 크게 달라져. 공장에서 만든 농기구는 공장에서 일하는 노동자 것이 아니야. 농기구의 주인은 공장 주인인 자본가야. 그저 정해진 시간을 일하고 노동의 대가로 정해진 돈을 받아가는 노동자. '노동자의 탄생'이란 말은 이런 뜻이야.

공장에서 대량으로 만들어낸 농기구가 워낙 싸기 때문에 대장간 대장장이는 공장 노동자가 되든지 다른 일을 찾아봐야 했어. 공장 농기구가 싸다는 건 공장 노동의 대가가 싸다는 뜻이기도 해. 그리하여 모피코트 공장에서 일하는 노동자는 모피코트를 사 입지 못하는 게 당연한 일이 된 거야. 공장이 기계화될수록 또 인구가 늘어날수록 상품으로서 노동은 값어치가 떨어졌고 노동자의 삶은 점점 비참해졌어. 중세의 비참이 영주와 농민의 관계에서 비롯된 거라면 자본주의 사회의 비참은 자본가와 노동자의 관계에서 비롯된 거야.

22

마음을 바꾼
선물들 1

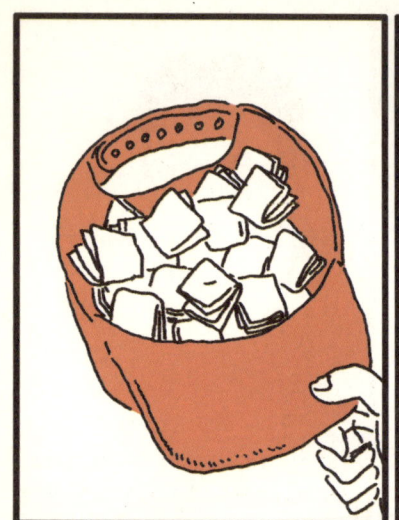

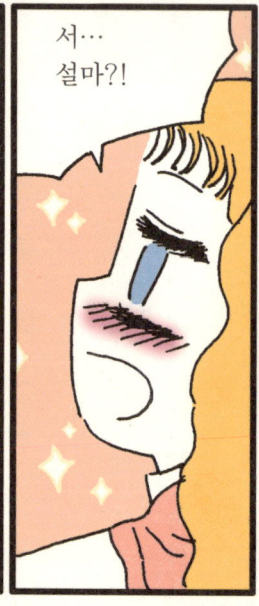

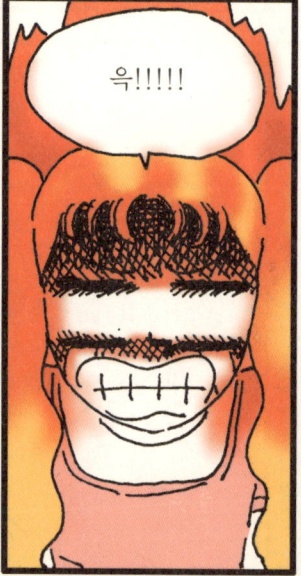

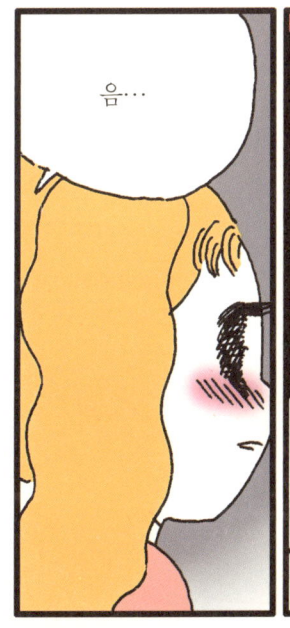

차원아.
나 로라야. 오로라.

그리고 사실 너와 안쏘니가 나 때문에
권투시합까지 할 때는 마음이 무척 아팠어.

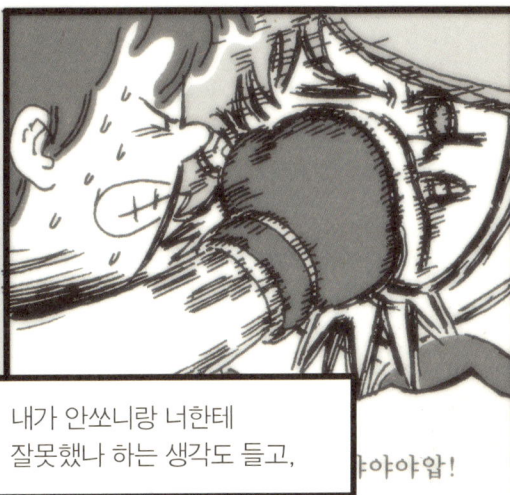

내가 안쏘니랑 너한테
잘못했나 하는 생각도 들고,

둘이 링에서 펀치를 날리는데
솔직히 똑바로 보기가 힘들었거든.

원칙을 깨면서까지 흑인 아저씨를 도우려는 무모한 차원이.

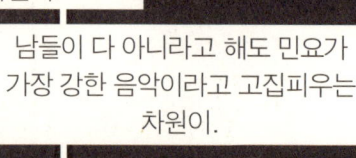

남들이 다 아니라고 해도 민요가 가장 강한 음악이라고 고집피우는 차원이.

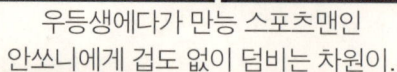

우등생에다가 만능 스포츠맨인 안쏘니에게 겁도 없이 덤비는 차원이.

화려한 그림보다는 소박해도 진심이 담긴 그림을 좋아하는 차원이.

나는 그런 차원이가 아주…

차원아!

차원아! 학! 학!

어? 로라구나.

아… 음… 왜 그렇게 뛰어 왔어?

아! 졸업식 시간이 얼마…

이제 슬슬 빨리 가야…

차원아.